H. NADAULT DE BUFFON

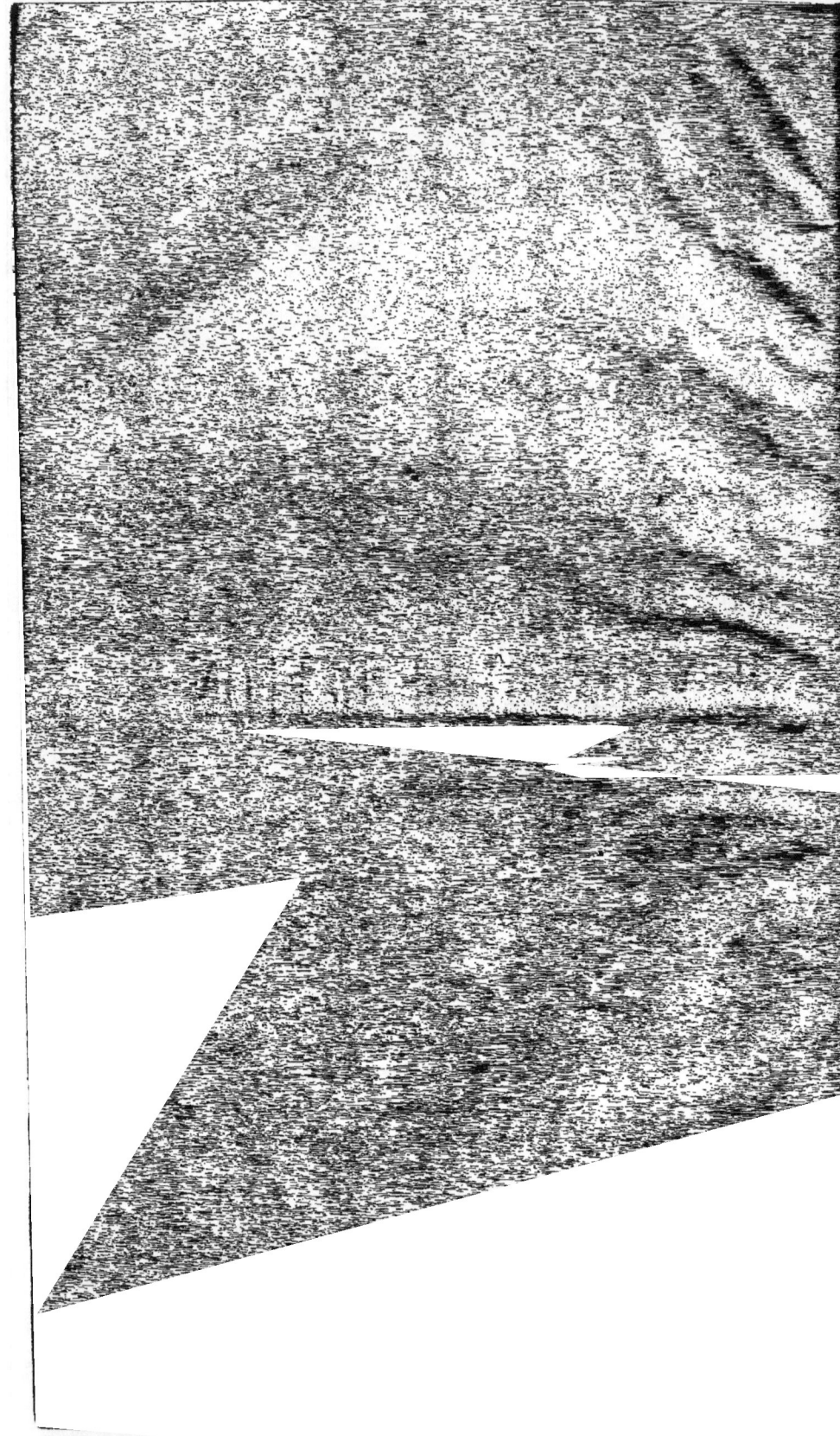

H. NADAULT DE BUFFON

Avez-vous vu parfois déboucher de la rue Duphot, montant lentement les boulevards, appuyé sur le bras d'un ami ou d'un secrétaire, un homme nerveux, à la démarche grave, à la tenue correcte, la figure entièrement rase, les yeux clos, la tête immobile et dépassant celle des autres, la rosette de la Légion d'honneur à la boutonnière ?

Assurément c'est quelqu'un, vous êtes-vous dit en vous retournant. — Vous ne vous trompiez pas.

Cette silhouette à peine entrevue était celle de M. Nadault de Buffon, ancien avocat général à Rennes, fondateur de la Société des Hospitaliers-Sauveteurs bretons et avocat à Paris.

Le plus souvent il est accompagné par un petit chien blanc au collier bleu, qui trottine dans ses jambes comme ces grands levriers que l'on voit aux Champs-Elysées marcher entre les deux chevaux d'un équipage de bonne maison.

Essayons de dessiner les traits de ce profil au moment où il se détache nettement en relief et où son œuvre devient essentiellement parisienne par un grand festival qui se prépare le 30 au Trocadéro.

Henri Nadault est né à Chaumont (Haute-Marne). Sa première enfance se partagea entre son séjour en Champagne et la superbe résidence des anciens ducs de Bourgogne, le château de Montbard, près de sa grand' tante, la comtesse de Buffon, nièce de Daubenton. Il vint de bonne heure à Paris avec son père, ingénieur des ponts et chaussées, et eut la douleur de perdre sa mère encore jeune.

Confié à des gouvernantes, il a reçu cette fine éducation que donne la femme aux jeunes chevreaux laissés à sa garde.

En 1842 il entra au collège Rollin pour en sortir cinq années plus tard. Son humeur batailleuse lui créa de nombreux ennemis et les taloches qu'il reçut — Dieu sait s'il en porta les bleus ! — lui firent prendre le pensionnat en grippe. Il se faisait toujours le champion des petits contre les forts.

Il entra chez un professeur qui lui fit suivre comme externe les cours de troisième au lycée Louis-le-Grand.

La Révolution venait d'éclater et son père, parti la veille sans méfiance, l'avait laissé seul. On était aux journées de juin 1848 et on battait la générale dans son quartier. Réveillé par ces clameurs inconnues il sauta dans la pièce voisine, décrocha une arme et descendit dans la rue pour prendre rang parmi les troupes régulières.

Il se battit avec acharnement sur les barricades et reçut deux blessures. Atteint pour la troisième fois on dut l'emporter aux ambulances.

La voix du sang criait vengeance. Peut-être se rappelait-il alors que son grand-oncle le comte de Buffon, fils unique du naturaliste, était mort colonel à vingt-neuf ans sur l'échafaud révolutionnaire à Paris, et que son aïeul maternel, le baron de Boucheporn, avocat général au Parlement de Metz, dernier intendant de la Corse, était également mort à Toulouse.

J'ai aussi ouï dire que la vue du sang et l'odeur de la poudre abreuvaient et grisaient comme lorsqu'on assiste à un grand banquet.... oui, grand, parce qu'il peut être le dernier.

A la place de la croix de mérite en argent qu'on accorde aux pensionnaires sur les bancs, il put bientôt, — et à seize ans et demi, — attacher sur sa tunique de collégien celle en émail qu'on admire sur la poitrine d'un officier et qui fait tant d'envieux.

Cette convoitise est si vraie qu'à sa rentrée en rhétorique, son professeur se montra jaloux et brutal envers lui. Ce ruban lui portait ombrage et les vers à copier pleuvaient dru comme grêle, plus dru que les balles des barricades.

Ses études universitaires terminées, il fit son droit à peu près en même temps que M. Émile Ollivier et commença son stage sous les bâtonniers Berryer et Bethmont, — stage qui fut retardé pour cause vanité; — il ne pouvait se décider à faire le sacrifice de sa fine moustache. Il passa par la bohême dont parle

Mürger, mais sans s'y arrêter, et délaissa le quartier Latin pour se montrer aux bals des Tuileries ou des Ambassades. Excellent nageur, il descendait le cours de la Seine avec un paquet fait de ses vêtements enveloppés dans un caoutchouc, franchissant ainsi quatre ou cinq kilomètres; puis lorsqu'il était fatigué, il poussait le sac à la rive, s'habillait et rentrait à Paris. — Tout jeune, on le surprit un jour traversant une rue à Montbard suspendu par les mains à la chaîne rouillée d'un reverbère.

Du barreau il entra dans la magistrature et fut nommé substitut à Valognes, puis à Châlons.

A cette époque il fit un voyage en Italie, fut reçu à Rome par le général de Goyon et Pie IX; à Naples, par Alexandre Dumas, installé royalement au Palazzo Reale par Garibaldi.

A son retour il accomplit un brillant sauvetage en se jetant tout habillé, pendant une matinée d'hiver, du haut du quai de Châlons dans la Saône, pour retirer un homme qui voulait mettre fin à sa vie par désespoir d'amour. Après l'avoir sauvé, Nadault rechercha l'indifférente, la fit consentir à son mariage et fut le parrain de leur enfant. C'est un roman. Nadault reçut la médaille d'or de 1re classe.

Apparenté aux plus illustres familles bourguignonnes, arrière-petit-neveu du célèbre naturaliste, son aïeule maternelle la baronne de Boucheporn une des plus jolies femmes du premier Empire, sous-gouvernante des enfants de Hollande, a élevé Napoléon III; la mère de Nadault partageait les jeux du prince, et sa famille conserve des lettres où les deux enfants se traitent de *petit mari* et de *petite femme.*

Sa grand'mère paternelle était fille d'un gouverneur des pages du comte de Provence.

La Renommée, bouche d'or et capricieuse comme une jolie femme, venait au-devant de lui pour lui ouvrir les portes d'une vie large et facile. L'avenir lui souriait comme le soleil à son lever; mais le destin lui réservait secrètement un automne sans lumière.

Il arriva en Bretagne en 1863 et Rennes devint la tribune de ses succès oratoires. Maintenu à Rennes comme avocat général quatre ans après, il résilia ses fontions au début de 1878.

M. Nadault de Buffon a aujourd'hui 48 ans — d'une femme je ne commettrais pas pareille indiscrétion. — Il a les épaules larges et cette forte charpente supporte une tête pleine de grandeur. A telle enseigne loge une énergie stoïque.

Il y a dix ans, on aurait dit une médaille frappée à l'effigie de Louis XVI.

Sous un os frontal proéminent, protégé par d'épais sourcils, reposent deux globes de feu éteints et mi-voilés.

Le hasard joue ici de ses tours. C'est un Grimaldi, sous-préfet de Châlons, qui lui remit la médaille de sauvetage et, comme un autre Grimaldi, S. A. S. le prince Charles III de Monaco, il est maintenant aveugle.

Il n'a presque plus de cheveux. Songez donc! le cerveau a bu toute la sève.

Sa mémoire est prodigieuse. Il n'en avait aucune étant enfant; mais il lui a fait faire depuis de tels prodiges d'équilibre, qu'elle exécute aujourd'hui de véritables tours de force. Il se rappelle les hommes, les choses, les faits, les dates, avec une netteté et une précision merveilleuses. Qualité bien précieuse pour un homme, mais qui supplée imparfaitement à la privation de la vue pour un avocat. C'est toujours un valet à la place d'un maître.

Sa parole est facile, claire, abondante et persuasive. L'organe est puissant, l'exorde simple, la péroraison chaude. Il est sobre de gestes, mais quand il veut toucher plus sûrement certaines fibres, il se penche vers son auditoire comme pour le baiser au front. Dès ses premières paroles, il l'attire à lui.

Tour à tour il l'intéresse et le distrait, le ramène au fond du sujet, le captive, l'émeut, le passionne pour le conquérir définitivement à sa cause.

Il possède le public qui l'écoute, on dirait que l'air lui apporte ses palpitations. L'orateur n'est-il pas le médecin de la pensée comme le prêtre celui de l'âme.

Autoritaire de caractère comme de langage, il provoque et accepte la réplique, mais ne connaît pas la résistance. Son sang bouillonne, ses joues se colorent, et si quelques oppositions renaissent, second Eole, il déchaîne les autans.

Il dédaigne les grandes phrases sonores ou ronflantes, les phrases à effet. Il préfère parler au cœur et sait faire verser des larmes.

La phrase vient avec l'idée ou calmante ou entraînante. Il mesure l'action, tantôt dure, aimable ou douce. Le mot sort à point et éclate à propos ou tendre ou terrible. Son éloquence est son talent, le pathétique fait sa force.

Il s'est rencontré à la barre avec les grands maîtres de l'école contemporaine : Jules Favre, Nicollet, Allou, Lachaud, etc. Il a les câlineries du dernier et les vivacités du comte de Falloux. Comme Chaix d'Est-Ange, il préfère parler pour la femme dans les séparations de corps ; il a toujours gagné sa cause.

Sa plume plaît autant que sa voix charme. Le style c'est l'homme, a dit son illustre aïeul. Derrière lui on reconnaît aussi le magistrat intègre, l'orateur distingué, le patriote énergique qui passent et reparaissent alternativement sous les yeux du lecteur.

Dix volumes portent son nom, sur : le luxe, les temps nouveaux, l'éducation de la première enfance, la vie annotée de Buffon, etc.; mais, dans le nombre de ses portraits à la plume, on est surpris de ne pas trouver, à côté de Mgr Dupanloup, qui l'appelait son ami, une étude de son compatriote Lamartine, qu'il a si souvent visité à Saint-Point.

C'était un collectionneur, un amateur d'autographes, de tableaux, de meubles anciens. Son cabinet, bien connu des amateurs, est un musée qui récèle de précieux dons de Catherine II, de Frédéric le Grand, de Louis XV, de Marie-Antoinette, deux belles toiles du grand Buffon et de sa femme, par Drouais, etc.

Les beaux-arts sont ses amis au même degré que les gens de bien. Tous deux sont rares au jour d'aujourd'hui.

L'illustre savant Leclerc, haut et puissant seigneur de Buffon, branche cadette, emporta avec lui dans la tombe le secret de sa fière devise : *Fortuna infortuna fortior fortuna*. Les Nadault, de la lignée aînée, la relevèrent par cette autre : *Fida paupertas, fidus dolor, fidus honor,* destinée à périr comme la première.

Nadault comme de Buffon a perdu son fils unique. De ces deux flambeaux allumés par le Génie et par la Bienfaisance, il n'en restera plus. Ils se seront éteints l'un et l'autre, faute de souffle pour les ranimer.

GEORGES B.....

www.ingramcontent.com/pod-product-compliance
Lightning Source LLC
Chambersburg PA
CBHW071425060426
42450CB00009BA/2019